N DOES THIS GO IN? AM I USING TOO MUCH PLASTIC? AM I SPEN
IS COFFEE SHOP? DO I HAVE TO ASK FOR THE BATHROOM CODE? IS T
BAD FOR YOU? IS ANYTHING GOOD FOR YOU? HOW DO I FIND A DOCTOR?
I HAD TOO MUCH COFFEE? IS THAT WH   IS SO S
TTACK? AM I BEING PRODUCTIVE? WHAT   TAKE
SHOULD I GET RID OF EVERYTHING? WHE   S? WHER
DID I LEAVE THE IRON ON? SHOULD I   AVE IT
UNCH? HOW SHOULD WE SPLIT THIS? J   E CREAM
ETTING FIRED? SHOULD I BE MY OWN BOSS? IS THIS A HEALTH
ART THIS EMAIL? CAN YOU TELL I'M STRESSED? WHAT DOES
E? DO YOU HAVE ANY DIETARY RESTRICTIONS? WHAT CAN I SE
TO TALK ABOUT? SHOULD I WASH MY HANDS AGAIN? AM I A GE
OR EFFECT? IS THIS OFF TOPIC? SHOULD I HAVE ANOTHER
BOOK IF YOU READ IN THE BATHTUB? WHY DO I CARE ABOU
IT? AM I CATASTROPHIZING? DO PEOPLE REALLY DISAGREE ON
NGE ANYONE'S MIND? AM I DOING ENOUGH? HOW ARE YOUR HOL
EARNED IN SCHOOL? WILL I EVER USE THE MATH I LEARNED I
DO I ALREADY KNOW THE ANSWER TO THAT? CAN I KEEP
SES? AM I FLOSSING ENOUGH? SHOULD I POP THIS ZIT? JUST
UCH CHEESE? HOW AM I FULL ALREADY? CHIPS? GUAC? HOW M
E? WHERE ARE MY HAIR TIES? CAN WE HANDLE A TRIP TO
A DEAL BREAKER? SHOULD WE TALK? AM I WRONG ABOU
EAR? HOW DO I GET THROUGH ANOTHER HARSH WINTER? S
N TV? CHIPS FOR DINNER? WHERE'S MY WALLET? DO
ETTING ANYTHING? HAS ANYONE SEEN KEVIN? DOES EVERY
RE THE INGREDIENTS IN A MARSHMALLOW? HOW FAR CAN
FOR MY BIRTHDAY? WHAT IF NOBODY CAN MAKE IT? DOE
LE? SHOULD I ADD ANOTHER CUP TO THE COLLECTION ON M
ATION POINTS? SHOULD I SPEAK UP? AM I A PERFECTIONIST
SHOULD I REGIFT THIS WINE? WHAT DID WE DECIDE ABO
EUROTIC BOOKS? NEUROTICA? IS THAT DUMB? ARE YOU JUDG

프로걱정러의
5만 생각과 픽토그램

ART
아트앤아트피플

저자 미셸 리알은 차트를 만드는 그래픽 디자이너이자 BuzzFeed News의 전 수석 디자이너였다. 그녀의 작품은 The New Yorker, Fast Company, USA Today, WIRED 등에 연재되었다.

옮긴이 김지혜는 연세대학교에서 심리학을 전공하고 서울대학교 경영전문대학원(MBA)에서 석사 학위를 받았다. 글밥아카데미 출판번역과정 수료 후 바른번역 소속 번역가로 활동하고 있다. 옮긴 책으로는 『마음을 고치는 기술』, 『사람들은 왜 스타벅스로 가는가?』가 있다.

프로 걱정러의
5만 생각과 픽토그램

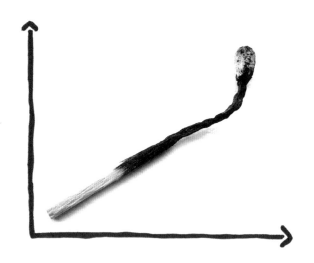

미셸 리알 글, 그림 / 김지혜 옮김

프로걱정러의 5만 생각과 픽토그램

글 그림 미셸 리알
옮긴이 김지혜

1판 1쇄 발행 2021년 2월 25일
펴낸곳   아트앤아트피플
펴낸이   송영희
디자인   이유리
마케팅   김철웅
제작 · 인쇄 동아출판
출판등록 2015년 7월 10일 (제 315-2015-000048호)
주소   (우07535) 서울특별시 강서구 양천로 67길 32 103동 608호
전화   070-7719-6967
팩스   02-6442-9046
홈페이지   http://www.artnartpeople.com
이메일   artnartpeoplekr@gmail.com
인스타그램 @anapictures

ISBN 979-11-90372-13-8 (03180)

분자 100%는 레니에게 바침

분모 100%는 부모님께바침

목차

들어가며

이 책은 도표 책이 아니다.

이 책은 넘치는 생각과 질문에 대한 책이다. 여러 도표와 그래프, 그리고 실제 물건들을 활용해 질문에 대답하고 또 대답하려고 애썼다.
어떤 와인을 가져가야 할까? 이번 이메일은 뭐라고 시작하지? 진짜, 진짜로 화분이 더 필요한가?

이 책은 나의 불안감을 들여다보는 창이다. 이를 통해 당신의 불안감도 일부 엿볼 수 있을 것이다. 이 책에서, 나는 늘상 생각하고 질문하는 1人의 관점으로, 세상 가장 하찮은 의사결정을 내릴 때조차 펼쳐지는 끝없는 마음의 걱정들을 담아내고자 했다.

당신이 차를 마실 때, 이 책이 옆자리에 놓여있기를 바라며, 냄비받침으로 쓰이지 않기를 (자세한 내용은 69쪽 책을 빌려갈 때 에티켓을 참고하길) 바란다. 이 책이 화분을 너무 많이 키우는 문제적 취미를 가진 친구에게 선물로 줄 수 있는 책이기를 바란다. 또한 이 책이 중요한 사실을 일깨울 수 있기를 기대한다. 바로 답이 늘 하나만 있는 것은 아니라는 것, 그리고 때로 유일한 답은 눈 딱 감고 그냥 해버리는 것뿐이라는 것을.

이 책은 또 다른 해결책이다. 이 책은 내가 그래픽 디자이너로 일하지 못하도록 끝끝내 방해한 만성 통증과의 기나긴 투쟁의 결과물이다. 나는 장시간 빽빽한 디지털 차트와 인포그래픽을 그리면서, 동시에 끝없이 불쑥불쑥 찾아드는 통증을 견뎌내야 했다. 결국 나는 훌륭한 간식을 제공했던 재미있는 미디어 회사에서 중견 디자이너로 일하던 것을 그만두어야 했다. 이제는 더 이상 이런 것들을 누릴 수 없다는 것이 아쉽지만. 감사하게도 결과적으로는, 내가 할 수 있는 일인 도표에 생각을 집중할 수 있게 됐다. 물론 도표들은 이전 것들보다는 훨씬 단순해야 했다. 그래서 나는 종이와 펜으로 도구를 바꿔 잡았고, 손으로 그리는 게 너무 힘들 땐 종종 다른 도구도 썼다. 보기엔 단순한 도표들이지만, 그 몇 줄 안에 나의 여러 불안감에 대한 이야기를 모두 녹여내려 애썼다.

이 책이 나를 치유해 주지는 못했다. 하지만 내가 계속 나아가야 할 이유를 제공해 주었다.

물론, 내가 쓸데없이 많이 생각하고 걱정하는 것일 수도 있다.

아, 그리고 이 책은 도표 책이다.

5만 생각과 픽토그램

일상 속 걱정

머리끈 어디 갔지?

분명 손목에 있었는데

"머리끈 좀 빌려주라"

분명 어딘가
있긴 있음

너무
여러 번 돌려
묶다가 그만

14

머리핀은 충분한가?

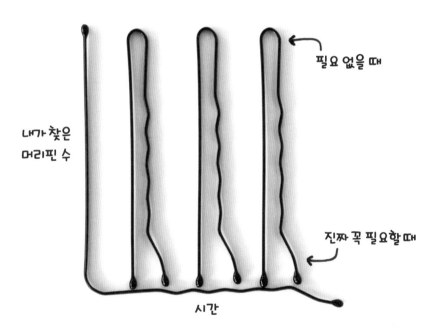

필요 없을 때

내가 찾은
머리핀 수

진짜 꼭 필요할때

시간

치실질 충분히 했나?

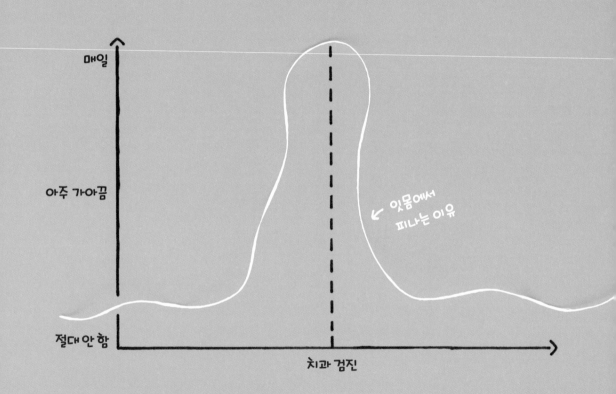

매일

아주 가아끔

절대 안 함

치과 검진

← 잇몸에서
피나는 이유

설거지 얼마나
불려야 할까?

물에
담가둔
시간

Ⓐ

Ⓑ

Ⓐ 불리는데 필요한 시간

Ⓑ 아이고, 설거지 깜빡했다

실내에서도
신발 신는 것

빨래방 카트

워터파크

음수대

다른 가족의 아이들

반려동물

쇼핑카트

응접실

다른 사람
반려동물

오래된
피넛버터
통

횡단보도 버튼

손 다시
닦아야 할까?

침대 위 가방

휴게소

음식 공유해

우리집 개가
내 눈을
핥는 것

변기 레버

휴대
전화

온갖 공용
용품들

호텔방의
장식용 베개

악수

공짜로 받은
샘플들

음료 뚜껑

디즈니월드와
디즈니랜드

수영장

페이퍼타월
용기

맨발로 걷기

헬스장

바다

우편물

욕조

세균

바지

쓰레기
버리기

대중교통

공항
구석구석
모두

우체국

발

동물 발바닥

싱크대
아래 부분

손 닦은 직후에
만져야 하는 문고

운전면허시험장

음수대

사용 전/후
표시가 애매한
숟가락들

네일샵

손 소독제
통 자체

전자책 단말기

영화관
의자들

동물원

뷔페에
선 줄

먼지

손톱깎이

콘택트렌즈
케이스

도서관

견과류

먹을 것들

문고리

신발 끈
풀린 것

세균

세균

세균

수영복 입어 보기
간이 화장실 벽
머리카락
여행가방 바퀴
"알러지" 있는 사람
재채기 분수침
헛기침
버스
카드놀이
날파리
배낭
지하철
바닥에 떨어진 베개
온갖 물에 사는 곤충
행주
핸드타월
비누
캔 잇부분
아기들
요가 매트
롤러코스터
배심원 의무
하수구
택시
키보드
샌들
공유 자전거
접점 내 쪽으로 가오는 청소차
스쿨버스
공중 샤워장
컴퓨터 마우스
화장실 바닥
에코백 바닥
주유소
보안검색대 바구니
돈
누빔이불
비둘기
자전거 바퀴
물에 담가둔 설거지
탕비실 주방
쇼핑몰
뚫어뻥
계단 난간
그밖에 다른 새들
남이 쓰던 모자
엎어 놓은 컵
병원에 비치된 잡지
바닥에 앉는 것
러그
비행기 좌석 테이블
술잔 돌리기
기차
보드게임
볼링공 손가락 구멍
리모콘
탁구공 빠진 맥주
전반적인 대학생활
무쇠 후라이팬
엘리베이터 버튼
화장품 테스터
식당물컵
끈적거리는 바닥
땅에 닿는 돗자리 바닥부분
아령

에코백으로 나를 표현하는
나는 어떤 사람?

환경보호를
실천하는 사람

내가 뭘 지지하는지
적극 알리고 싶은 사람

독립 서점을
(특히 로고가
멋진 곳은 더욱)
지지하는 사람

무슨 음악 듣지?

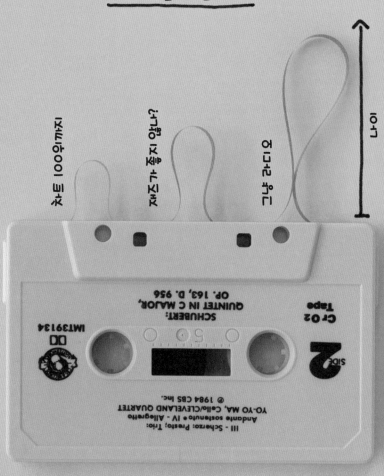

차트 100안까지

재즈가 좋지 않나?

그나저나 늙네

나-이

내 선글라스 본 사람 없어?

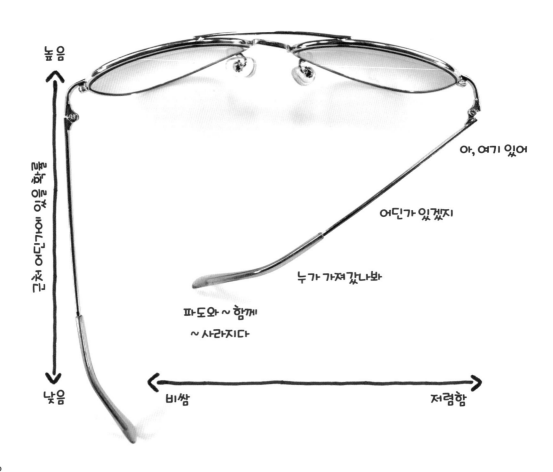

높음

낮음

군중 속 어딘가에 있을 확률

비쌈

저렴함

아, 여기 있어

어딘가 있겠지

누가 가져갔나봐

파도와 ~ 함께
~ 사라지다

카드 분실신고 해야 하나?

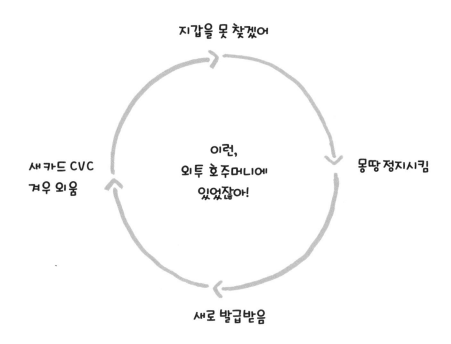

지갑을 못 찾겠어

몽땅 정지시킴

이런,
외투 호주머니에
있었잖아!

새 카드 CVC
겨우 외움

새로 발급받음

면봉으로 귀 파다가 다칠 수도 있나?

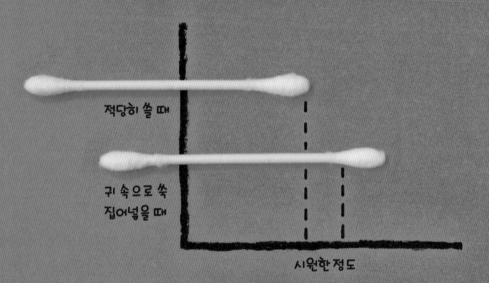

적당히 쓸 때

귀 속으로 쑥
집어넣을 때

시원한 정도

요 여드름 짤까 말까?

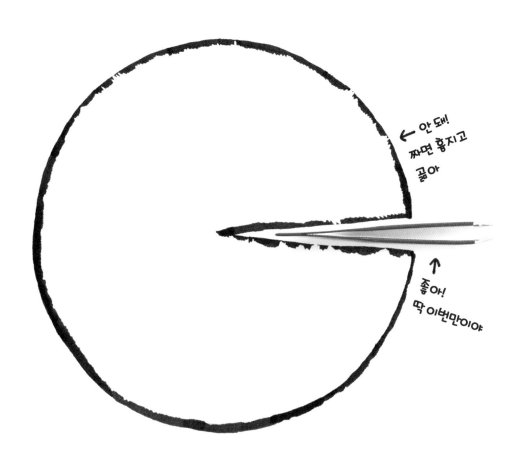

← 안 돼!
짜면 흉지고
곪아

↑
좋아!
딱 이번만이야

고데기 안 끄고 나왔나?

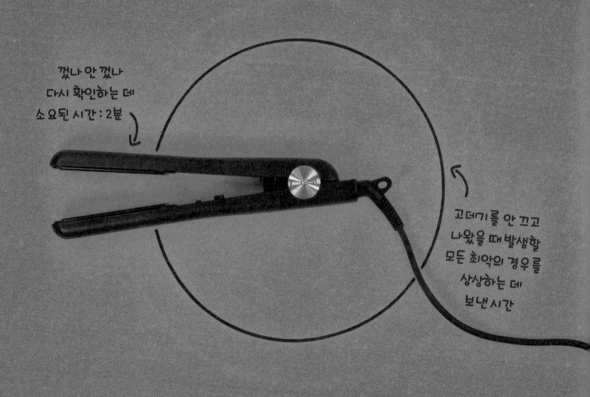

껐나 안 껐나
다시 확인하는 데
소요된 시간 : 2분

고데기를 안 끄고
나왔을 때 발생할
모든 최악의 경우를
상상하는 데
보낸 시간

뭘 깜빡했지?

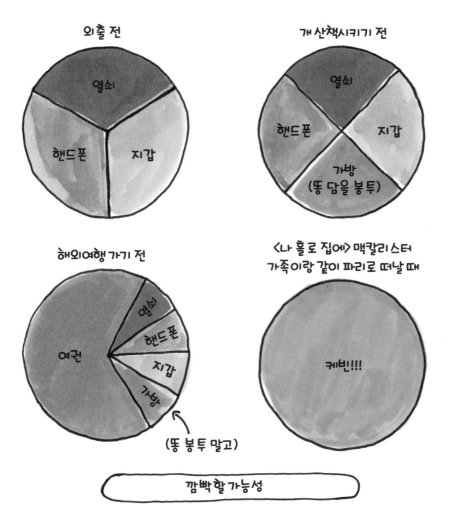

외출 전

- 열쇠
- 핸드폰
- 지갑

개 산책시키기 전

- 열쇠
- 핸드폰
- 지갑
- 가방 (똥 담을 봉투)

해외여행 가기 전

- 여권
- 열쇠
- 핸드폰
- 지갑
- 가방

(똥 봉투 말고)

〈나 홀로 집에〉 맥칼리스터
가족이랑 같이 파리로 떠날 때

- 케빈!!!

깜빡할 가능성

5만 생각과 픽토그램

오늘 뭐 먹지?

어떤 와인을 가져가야 할까?

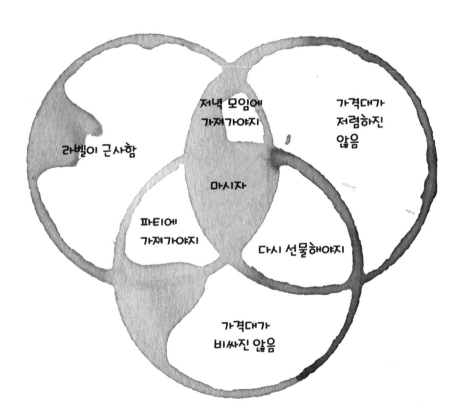

라벨이 근사함

저녁 모임에
가져가야지

가격대가
저렴하진
않음

마시자

파티에
가져가야지

다시 선물해야지

가격대가
비싸진 않음

커피를 좀 더 마셔야 하나?

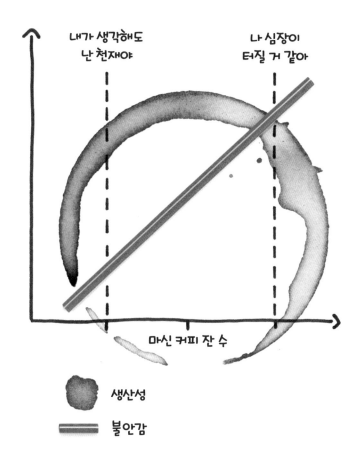

내가 생각해도
난 천재야

나 심장이
터질 거 같아

마신 커피 잔 수

생산성

불안감

나 치즈를
너무 많이 먹는 걸까?

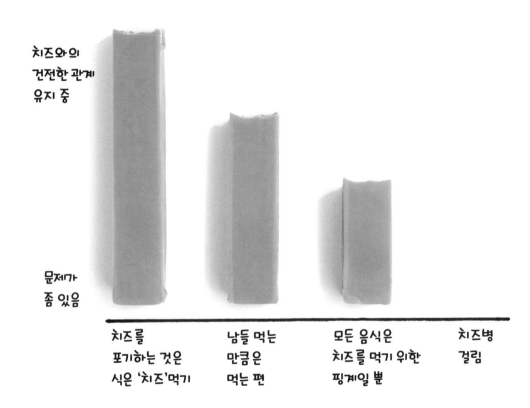

치즈와의
건전한 관계
유지 중

문제가
좀 있음

치즈를
포기하는 것은
식은 '치즈'먹기

남들 먹는
만큼은
먹는 편

모든 음식은
치즈를 먹기 위한
핑계일 뿐

치즈병
걸림

케일 좀
살까?

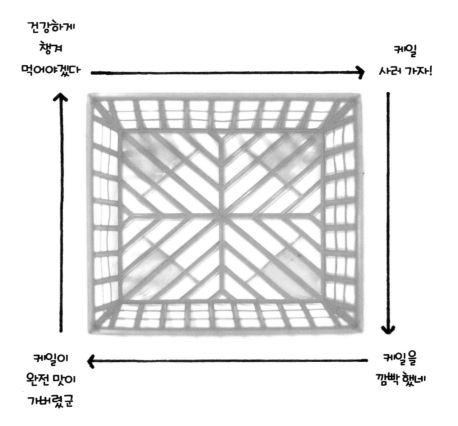

건강하게
챙겨
먹어야겠다

케일
사러 가자!

케일이
완전 맛이
가버렸군

케일을
깜빡 했네

왜 먹은 것도 없는데 배가 부르지?

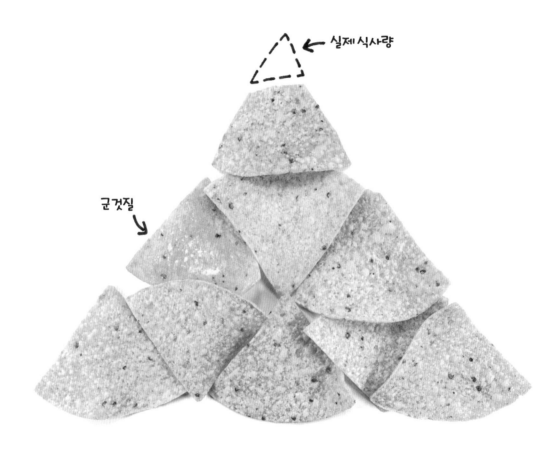

실제 식사량

군것질

군것질쟁이의 음식 피라미드

버터를 좀 넣어야 하나?

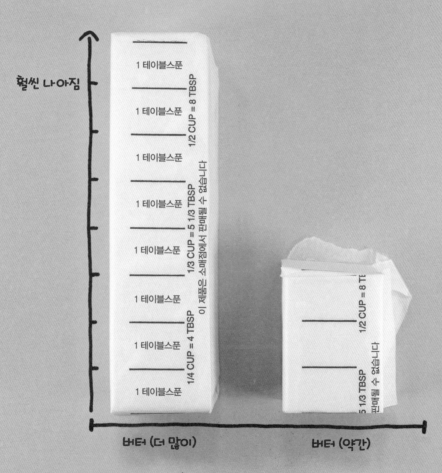

(참고: 본인은 영양사 아님)

아이스크림 먹을까?

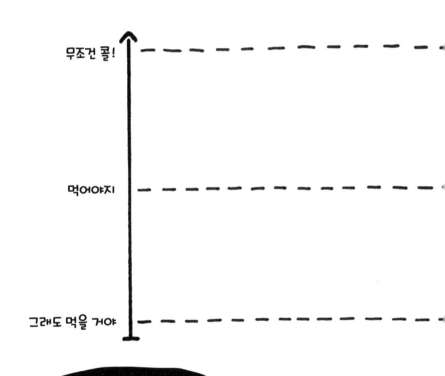

무조건 콜!

먹어야지

그래도 먹을 거야

아이스크림 사러
당장 뛰어갈 확률

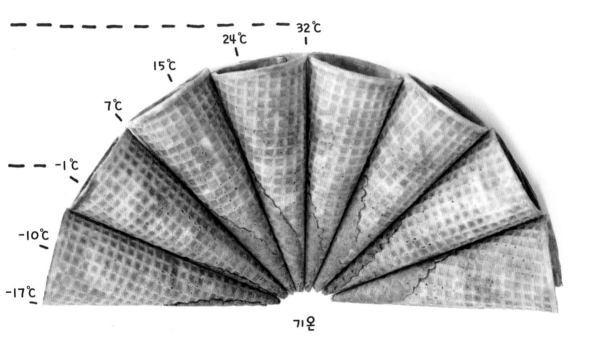

32℃

24℃

15℃

7℃

-1℃

-10℃

-17℃

기온

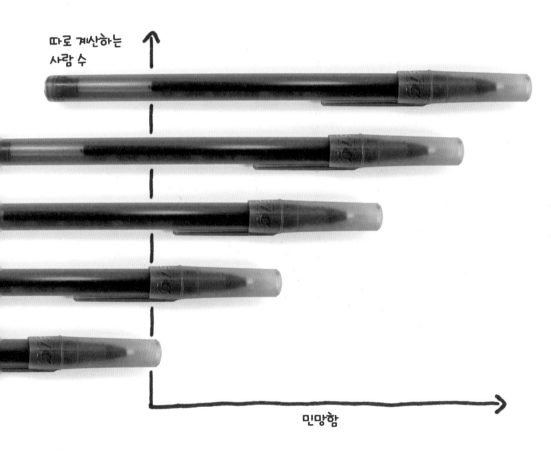

계산 어떻게 나눠서 하지?

따로 계산하는
사람 수

민망함

38

경제적 관점에서 브런치가 본전은 되나?

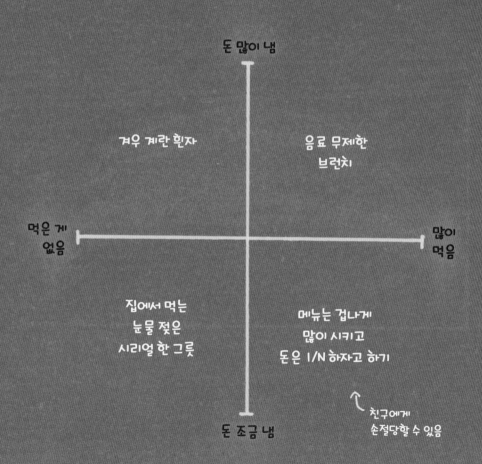

돈 많이 냄

겨우 계란 흰자

음료 무제한
브런치

먹은 게
없음

많이
먹음

집에서 먹는
눈물 젖은
시리얼 한 그릇

메뉴는 겁나게
많이 시키고
돈은 1/N 하자고 하기

친구에게
손절당할 수 있음

돈 조금 냄

수박 철이 언제지?

북반구

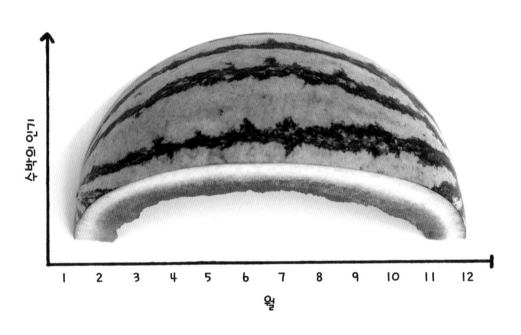

수박의 인기

월

수박 철이 언제지?

남반구

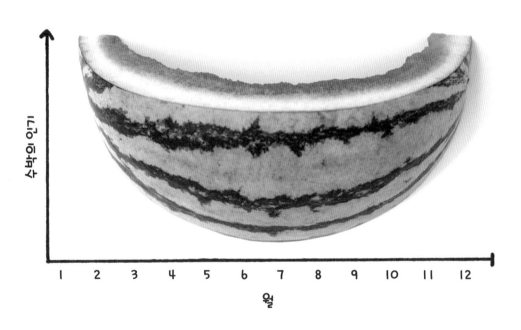

수박의 양기

월

1 2 3 4 5 6 7 8 9 10 11 12

속이 왜 이렇게 안 좋지?

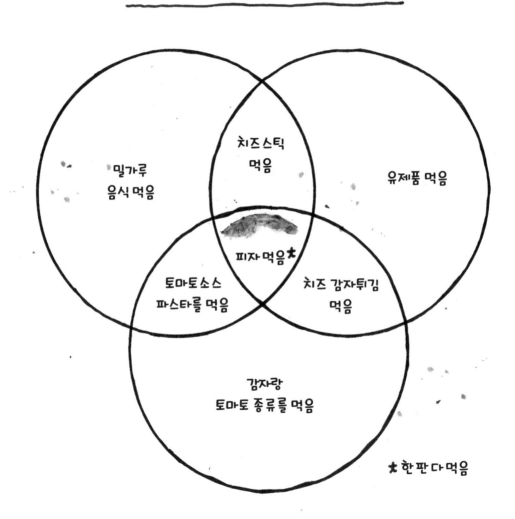

밀가루
음식 먹음

치즈 스틱
먹음

유제품 먹음

피자 먹음★

토마토소스
파스타를 먹음

치즈 감자튀김
먹음

감자랑
토마토 종류를 먹음

★ 한 판 다 먹음

더 먹을까
남길까?

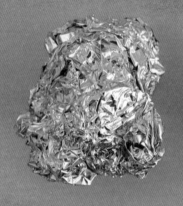

반 남겨서 나중에
한 끼로 먹으면 되겠다

몇 숟갈만
더 먹어야지

에라 모르겠다

탄산수 아니면 그냥 물?

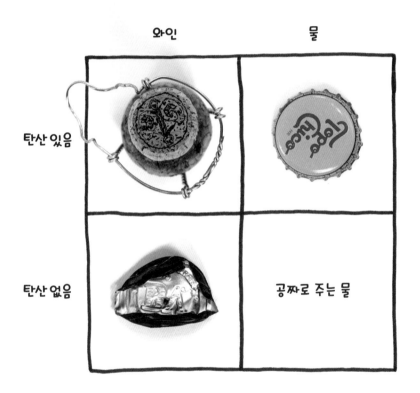

	와인	물
탄산 있음		
탄산 없음		공짜로 주는 물

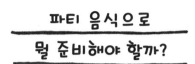

파티 음식으로
뭘 준비해야 할까?

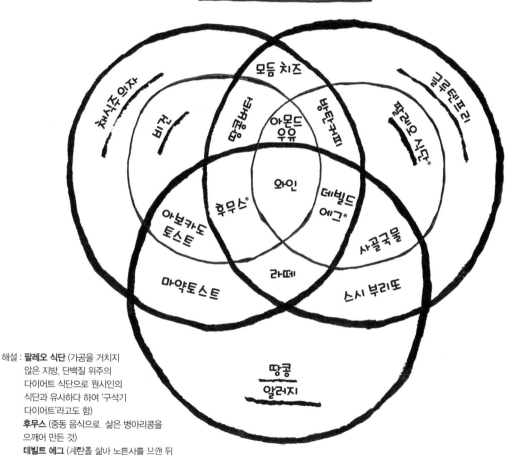

채식주의자

견과

땅콩버터

모듬 치즈

아몬드 우유

방탄커피

글루텐프리

팔레오 식단*

와인

후무스*

데빌드 에그*

아보카도 토스트

사골국물

마약토스트

라떼

스시 부리또

땅콩 알러지

해설 : **팔레오 식단** (가공을 거치지 않은 지방, 단백질 위주의 다이어트 식단으로 원시인의 식단과 유사하다 하여 '구석기 다이어트'라고도 함)

후무스 (중동 음식으로 삶은 병아리콩을 으깨어 만든 것)

데빌드 에그 (계란을 삶아 노른자를 으깬 뒤 이를 흰자에 다시 채운 핑거푸드)

45

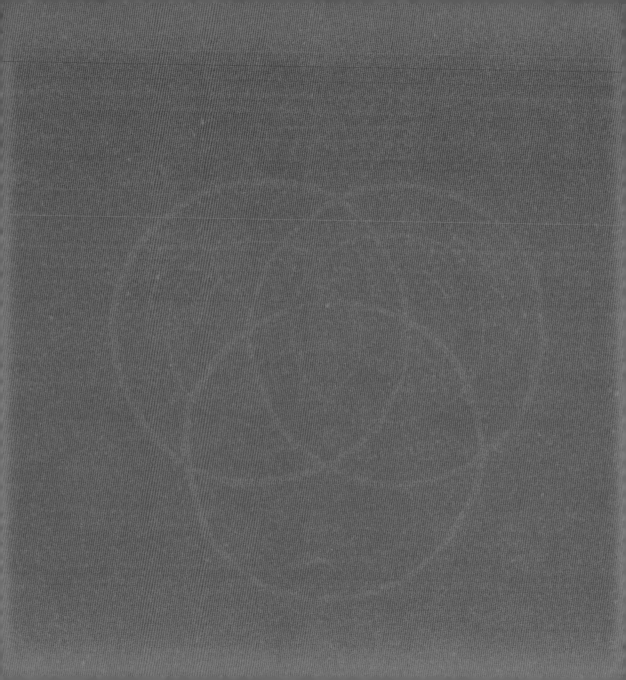

5만 생각과 픽토그램

이메일 제목 뭘로 하지?

이번 이메일은 어떤 말로 시작하나?

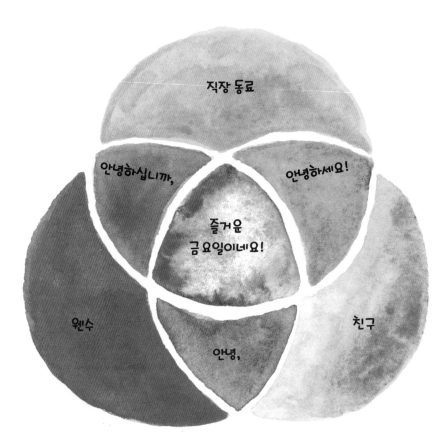

직장 동료

안녕하십니까,

안녕하세요!

즐거운
금요일이네요!

웬수

친구

안녕,

TIP: 모든 메일은 금요일에 보낼 것

마무리는 어떻게 하지?

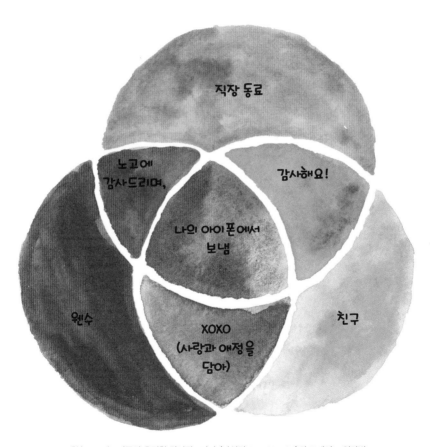

직장 동료

노고에
감사드리며,

감사해요!

나의 아이폰에서
보냄

웬수

XOXO
(사랑과 애정을
담아)

친구

해설 : xoxo는 미국의 유명한 하이틴드라마 〈가십걸 Gossip girl〉의 트레이드 인사법

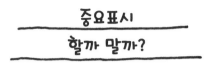

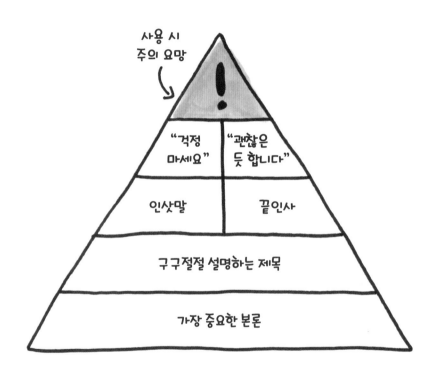

이메일의 피라미드 구조

나 잘리나?

이런 말을 들었는데...	이런 뜻일지도 몰라	하지만 사실은 이런 뜻일거야
좋네요!	아무 이상 없음	아무 이상 없음
좋습니다.		좋습니다.
괜찮아요.		괜찮아요.
네.	나 짤릴 것 같아	네.
흠...		흠...
저, 잠깐 얘기 좀 할까요?	헐, 나 진짜 짤리나 봐?	:(

사람들이 내 책상을 보면 어떻게 생각할까?

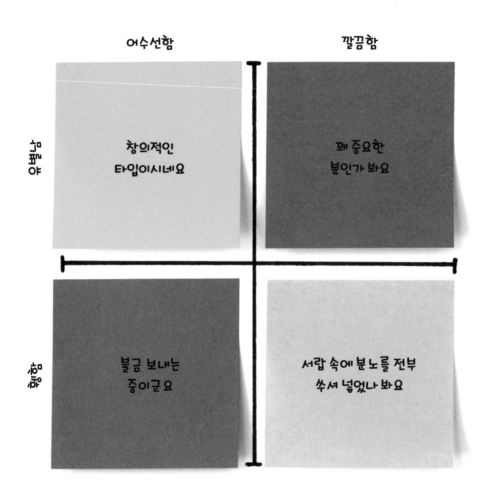

어수선함 / 깔끔함

창의적인
타입이시네요

꽤 중요한
분인가 봐요

불금 보내는
중이군요

서랍 속에 분노를 전부
쑤셔 넣었나 봐요

근무시간에 미드 <오피스> 지난 에피소드들을 볼 수 있다면 어떻게 될까?

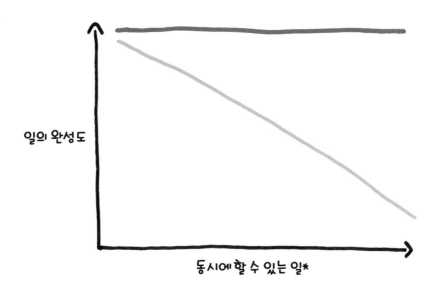

일의 완성도

동시에 할 수 있는 일*

● 기대 수준
● 실제 현황

해설 : 미드 "The Office"에서 나오는 유행어　　　　　　　　❋ 그녀도 그렇게 말했지

실패하면 어떡하지?

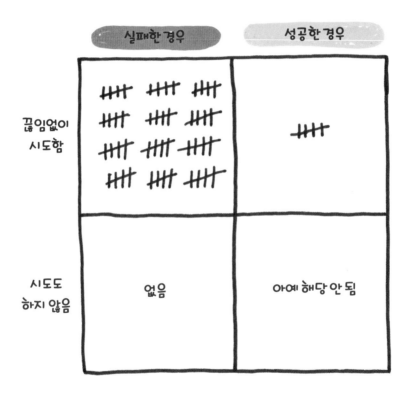

	실패한 경우	성공한 경우
끊임없이 시도함	✚✚✚ ✚✚✚ ✚✚✚ ✚✚✚ ✚✚✚ ✚✚✚ ✚✚✚ ✚✚✚ ✚✚✚ ✚✚✚ ✚✚✚ ✚✚✚	✚✚✚
시도도 하지 않음	없음	아예 해당 안 됨

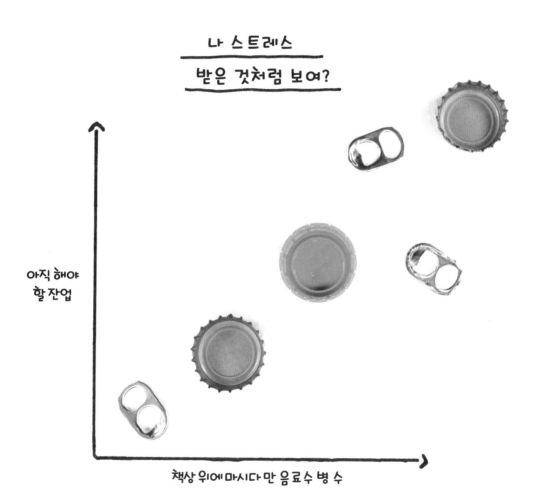

나 스트레스
받은 것처럼 보여?

아직 해야
할 잔업

책상 위에 마시다 만 음료수 병 수

내가 지금 하는

일에 소질이 있나?

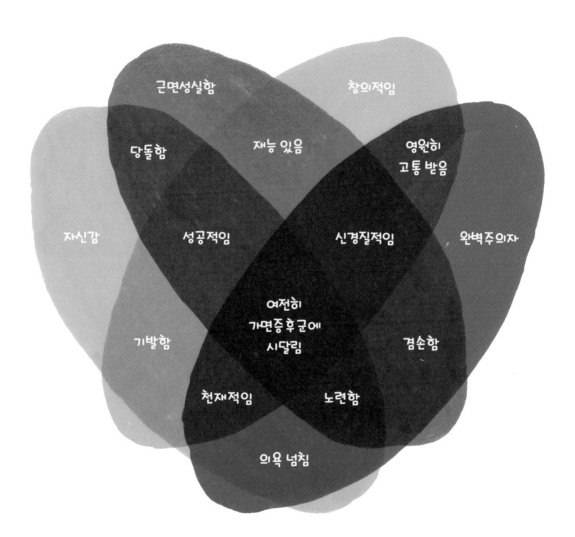

근면성실함

창의적임

당돌함

재능 있음

영원히
고통 받음

자신감

성공적임

신경질적임

완벽주의자

여전히
가면증후군에
시달림

기발함

겸손함

천재적임

노련함

의욕 넘침

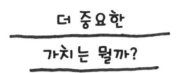

더 중요한
가치는 뭘까?

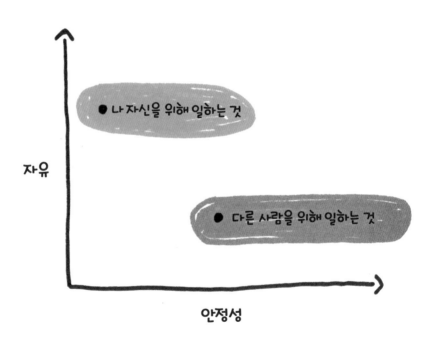

자유

● 나 자신을 위해 일하는 것

● 다른 사람을 위해 일하는 것

안정성

이 중 가장
건강한 라이프스타일은?

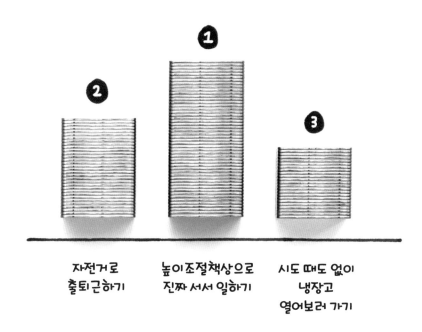

① 높이조절책상으로 진짜 서서 일하기

② 자전거로 출퇴근하기

③ 시도 때도 없이 냉장고 열어보러 가기

사무실 올림픽

가벼운 대화는 어떻게 하는 거지?

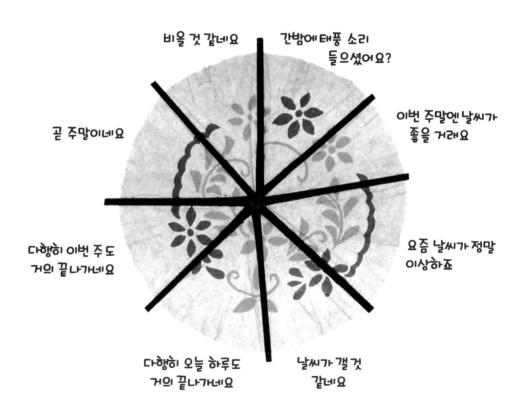

비올 것 같네요

간밤에 태풍 소리
들으셨어요?

이번 주말엔 날씨가
좋을 거래요

곧 주말이네요

요즘 날씨가 정말
이상하죠

다행히 이번 주도
거의 끝나가네요

다행히 오늘 하루도
거의 끝나가네요

날씨가 갤 것
같네요

이거 말고

다른 할 얘기 없나?

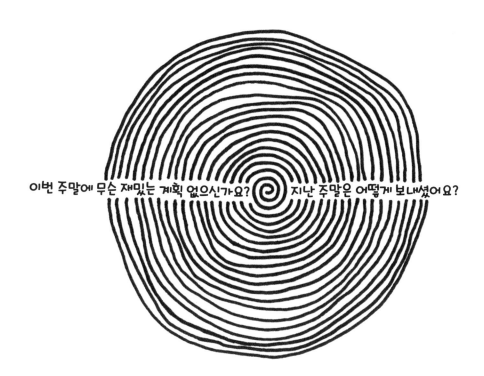

이번 주말에 무슨 재밌는 계획 없으신가요?   지난 주말은 어떻게 보내셨어요?

5만 생각과 픽토그램

어른이 된다는 것

다들 자기 생일에 우나?

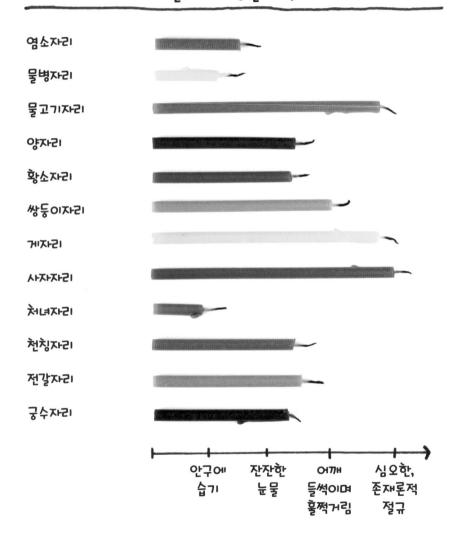

염소자리

물병자리

물고기자리

양자리

황소자리

쌍둥이자리

게자리

사자자리

처녀자리

천칭자리

전갈자리

궁수자리

안구에
습기

잔잔한
눈물

어깨
들썩이며
훌쩍거림

심오한,
존재론적
절규

생일날 뭐하지?

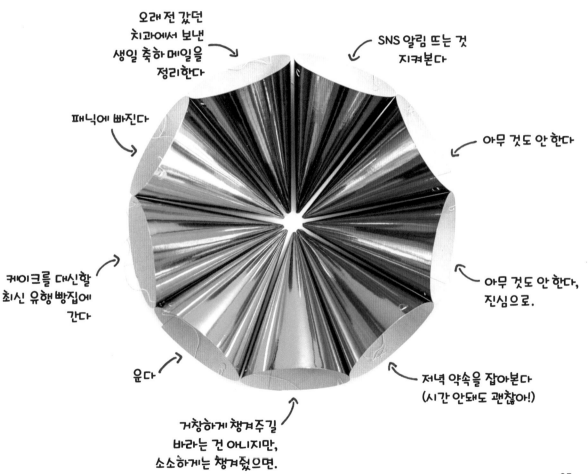

오래 전 갔던
치과에서 보낸
생일 축하 메일을
정리한다

SNS 알림 뜨는 것
지켜본다

패닉에 빠진다

아무 것도 안 한다

케이크를 대신할
최신 유행 빵집에
간다

아무 것도 안 한다,
진심으로.

운다

저녁 약속을 잡아본다
(시간 안돼도 괜찮아!)

거창하게 챙겨주길
바라는 건 아니지만,
소소하게는 챙겨줬으면.

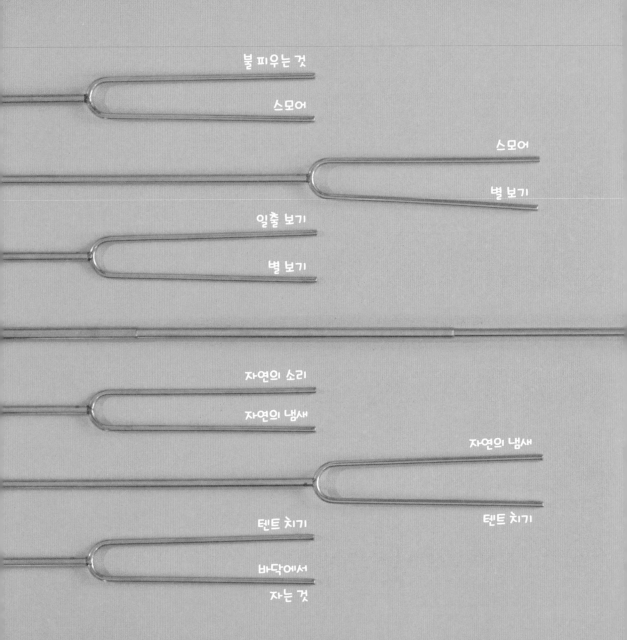

캠핑이 뭐가

그렇게 좋아?

스모어

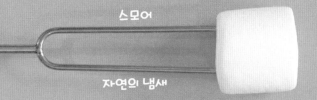

자연의 냄새

스모어(S'more) : 비스킷 사이에 불에 구운 마시멜로와 초콜릿을 끼워 먹는 캠핑 디저트

우아함이 좀
과한가?

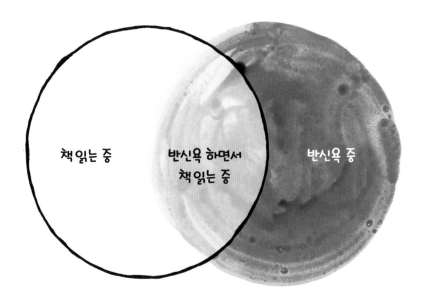

책 읽는 중

반신욕 하면서
책 읽는 중

반신욕 중

내 책 빌려줘야 하나, 말아야 하나?

내가 제일
좋아하는 책을
빌려줄 확률

↑

← 이 책을 아직도 안 읽었다니,
도저히 참을 수 없다

← 너는 책갈피를 쓰는구나

← 너는 책 모서리 접는 부류네

← 네가 책을 냄비받침으로
쓰는 거 본 적 있어

← 너 목욕하면서 책 읽지?

위험 →

"그는 무척 진지하게 책을 쓰
어." 크리켓이 말했다. "하지만 ㅅ
기만 쓰고 있잖아. 그것도 죄다 ㅂ
그런 것들은 안 읽을 거야. 그가
지도 않을걸. 소름끼치게 혼자 둘
만 그것들 전부 최악이야. 그거 ㅎ

"별로라고?"

"아무 내용이 없어."

"그는 사랑에 빠져본 적도 없

"맞아, 그럴 리 없지. 넌?"

그녀는 고개를 끄덕였다. 그ㅁ
세상이나 마찬가지였으니까.

"스크랩은 그 소설들이 분명

"그건 그래."

"내 생각엔 괜찮은 것 같아."

"아냐." 머릿속 생각이 그녀의 입 밖으로 튀어나왔다. "너도, 내 생각엔, 뭔가 나사가 하나
빠진 거 같다."

소설 〈A History of Glitter and Blood〉
저자 Hannah Moskowitz (국내 번역서 없음)

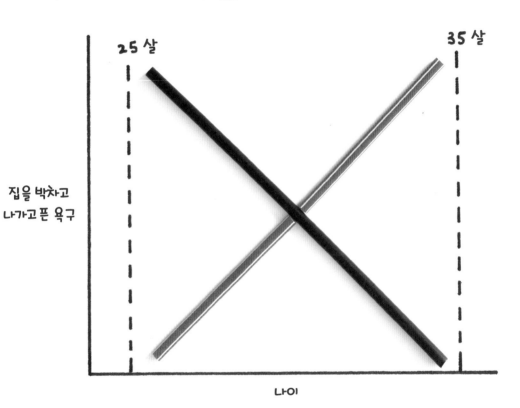

외출 할까?

25 살

35 살

집을 박차고
나가고픈 욕구

나이

■■■ 불금

▬▬▬ 토요일 아침

오늘
무 먹지?

배달음식

감자튀김 한 번 더

냉동피자

3년 전에 즐겨찾기 해뒀던 레시피

집순이의 메뉴 피라미드

죽이지 않고 잘 키울 수 있을까?

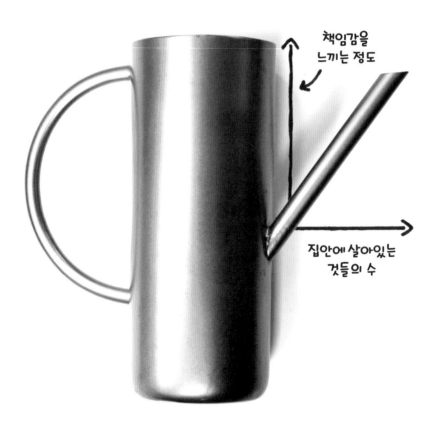

책임감을
느끼는 정도

집안에 살아있는
것들의 수

진짜, 진짜로 화분이
더 필요한가?

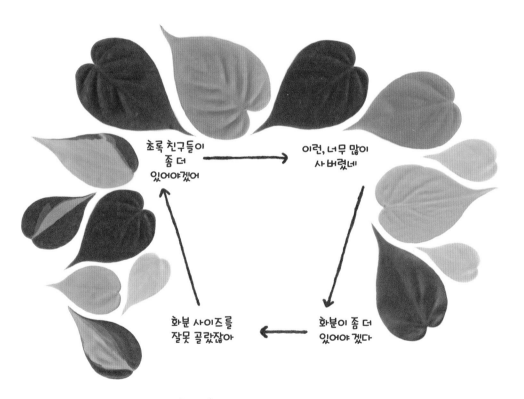

초록 친구들이
좀 더
있어야겠어

→

이런, 너무 많이
사 버렸네

↓

화분 사이즈를
잘못 골랐잖아

←

화분이 좀 더
있어야 겠다

↑

* 그러니까 뭔가, "근사한 도시 정원" 같은 느낌이 아닌, 비정상적으로,
화재 위험을 높일 것만 같은 그런 느낌?

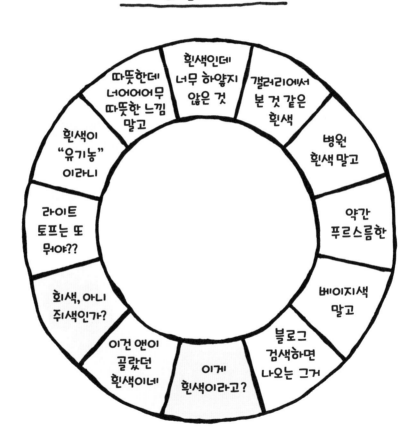

흰색 페인트
어떤 걸로 하지?

- 흰색인데 너무 하얗지 않은 것
- 갤러리에서 본 것 같은 흰색
- 병원 흰색 말고
- 약간 푸르스름한
- 베이지색 말고
- 블로그 검색하면 나오는 그거
- 이게 흰색이라고?
- 이건 앤이 골랐던 흰색이네
- 회색, 아니 쥐색인가?
- 라이트 토프는 또 뭐야??
- 흰색이 "유기농"이라니
- 따뜻한데 너어어어무 따뜻한 느낌 말고

우리 집도 인테리어 하면 TV에서

본 것 같은 집이 될까?

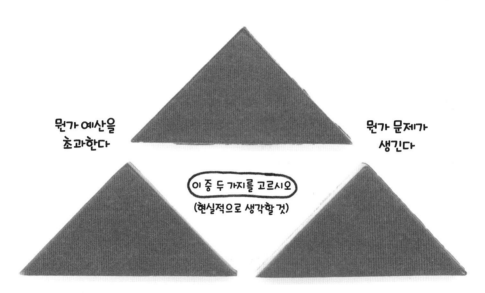

뭔가 예산을
초과한다

뭔가 문제가
생긴다

이 중 두 가지를 고르시오
(현실적으로 생각할 것)

격하게 흥이 넘치는 개조 전문가
두 명이 등장한다

어떻게 하면 더
잘 할 수 있을까?

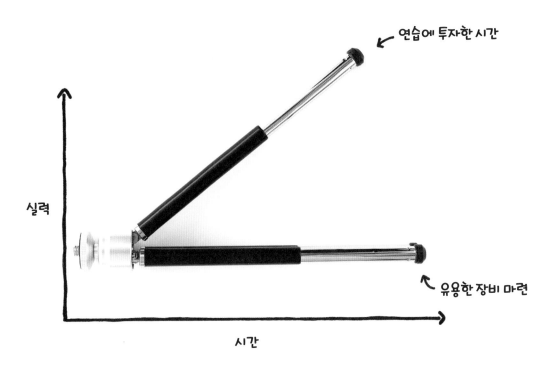

연습에 투자한 시간

실력

유용한 장비 마련

시간

시작하기엔 너무 늦은 걸까?

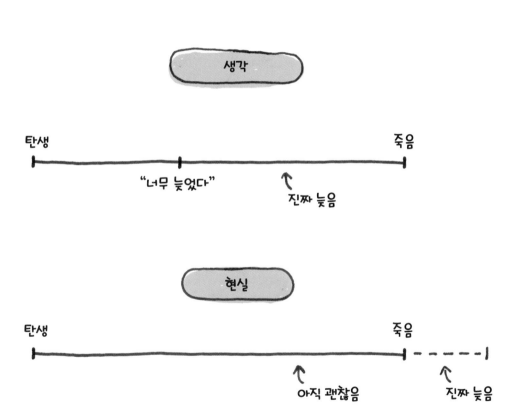

생각

탄생   죽음

"너무 늦었다"

↑
진짜 늦음

현실

탄생   죽음

↑
아직 괜찮음

↑
진짜 늦음

셀프로 액자를
걸어볼까?

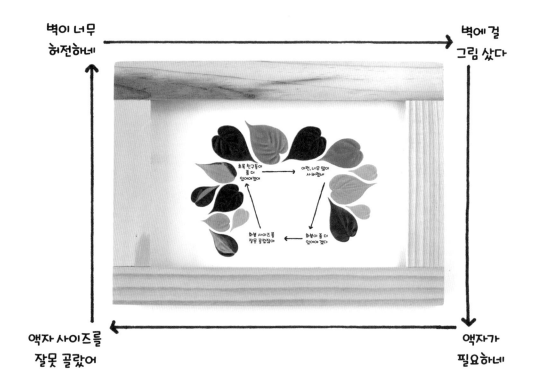

벽이 너무
허전하네

벽에 걸
그림 샀다

액자 사이즈를
잘못 골랐어

액자가
필요하네

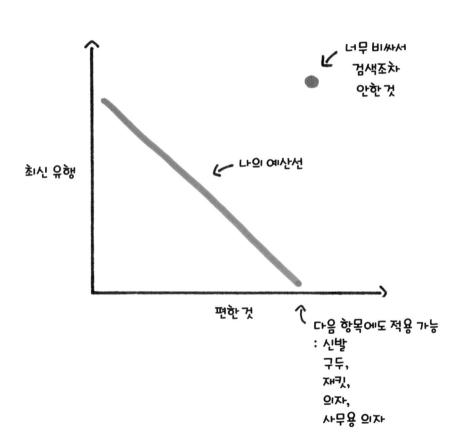

너무 비싸서
검색조차
안한 것

최신 유행

나의 예산선

편한 것

다음 항목에도 적용 가능
: 신발
  구두,
  재킷,
  의자,
  사무용 의자

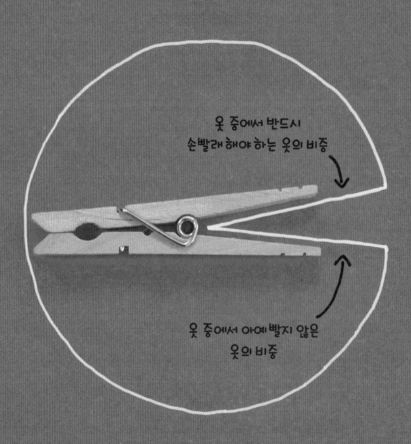

옷 중에서 반드시
손빨래 해야 하는 옷의 비중

옷 중에서 아예 빨지 않은
옷의 비중

벌써 결혼식 시즌인가?

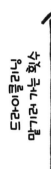

세탁물을 맡기는 횟수

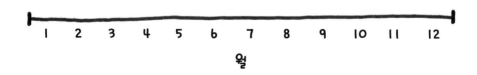

| 1 | 2 | 3 | 4 | 5 | 6 | 7 | 8 | 9 | 10 | 11 | 12 |

월

살까 말까?

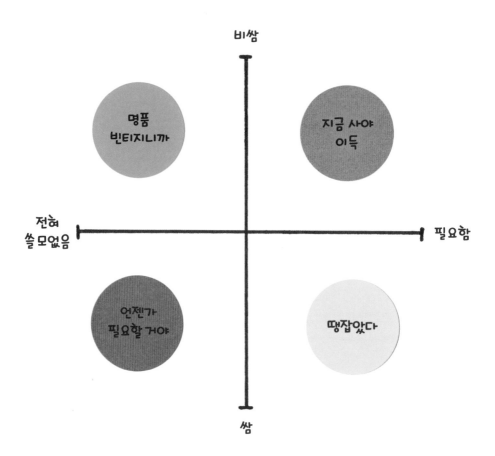

버릴까 말까?

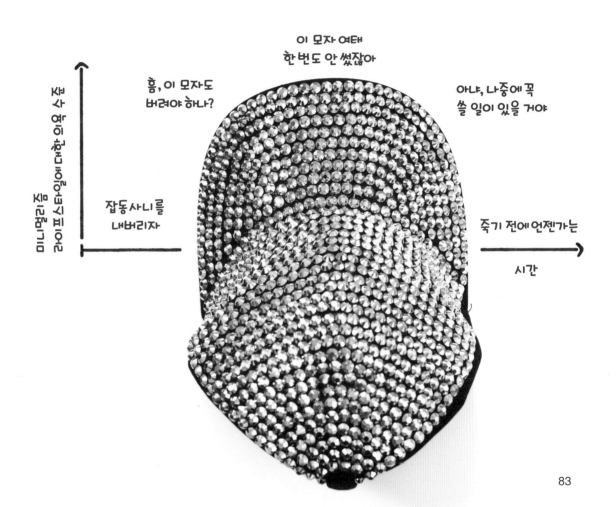

미니멀리스트가 되기 위해 버려야 할 물건의 수

이 모자 여태
한 번도 안 썼잖아

흠, 이 모자도
버려야 하나?

아냐, 나중에 꼭
쓸 일이 있을 거야

잡동사니를
내버리자

죽기 전에 언젠가는

시간

이거 분리수거 어떻게 하지?

일반쓰레기

음식물쓰레기

＊

종이

플라스틱

＊ 어디로 분리수거 해야 할지는 잘 모르겠지만,
확실한 건 이걸 조각내지 않으면 돌고래가 다친다는 거

나 플라스틱 너무 많이 쓰나?

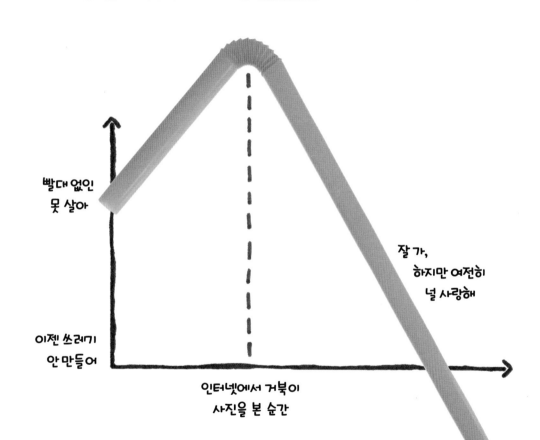

빨대 없인
못 살아

이젠 쓰레기
안 만들어

인터넷에서 거북이
사진을 본 순간

잘 가,
하지만 여전히
널 사랑해

5만 생각과 픽토그램

인간관계

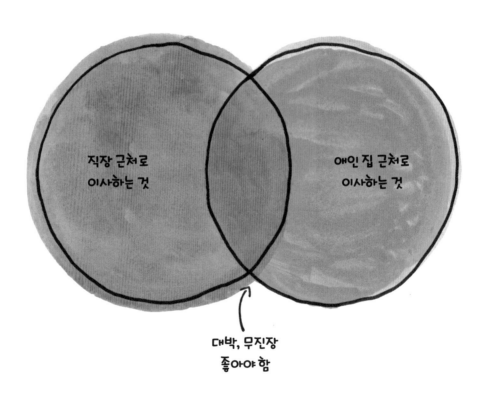

직장 근처로
이사하는 것

애인 집 근처로
이사하는 것

대박, 무진장
좋아야 함

우리 사이, 이 단계를
잘 넘길 수 있을까?

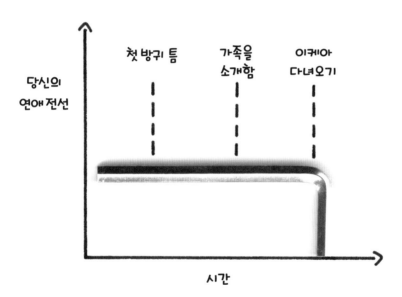

첫 방귀 틈

가족을
소개함

이케아
다녀오기

당신의
연애전선

시간

이건 도대체 무슨 뜻이지?

이런 말을 들었는데...	이런 뜻일지도 몰라	하지만 사실은 이런 뜻일 거야
요즘 일이 너무 바빠	진짜로 지금은 너무 바빠	넌 별로 중요하지 않아
헤어진 지 얼마 안됐어	새로운 사람을 만나고 싶어	아직 전 애인을 못 잊었어
사귀는 걸 꼭 상태메시지로 알려야 해?	이제 성숙한 어른답게 하자	혹시 알아? 더 좋은 사람이 나타날지
우리 잠깐 시간을 좀 갖자	상황을 생각할 시간이 필요해	
아무 말 안함	사망?	너에 대한 관심이 사망 :(
자니?	다시 사귀자	너 좋아 보인다

이거 헤어질 징조인가?

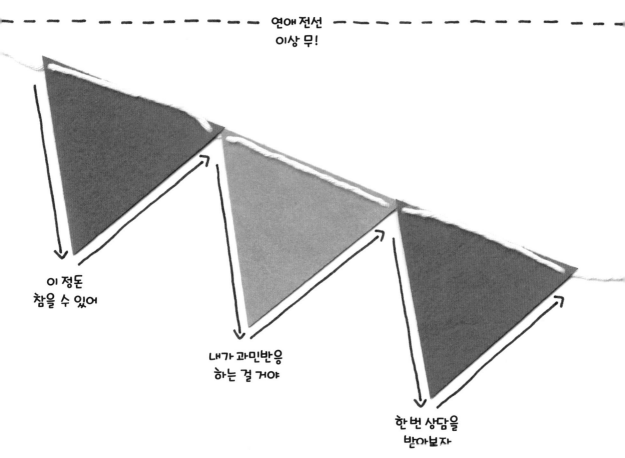

연애 전선
이상 무!

이 정돈
참을 수 있어

내가 과민반응
하는 걸 거야

한 번 상담을
받아보자

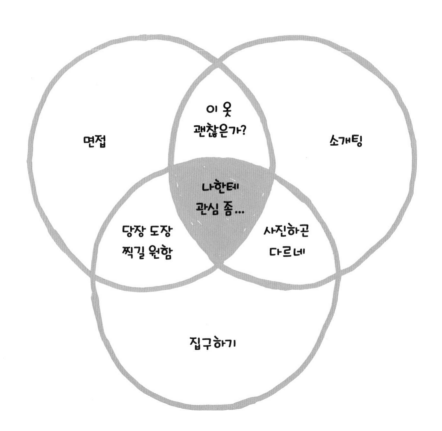

네가 나를 어디까지
참아줄 수 있을까?

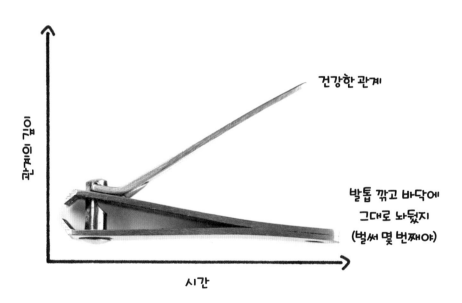

건강한 관계

발톱 깎고 바닥에
그대로 놔뒀지
(벌써 몇 번째야)

순예감 이율

시간

나는 나쁜 친구인가?

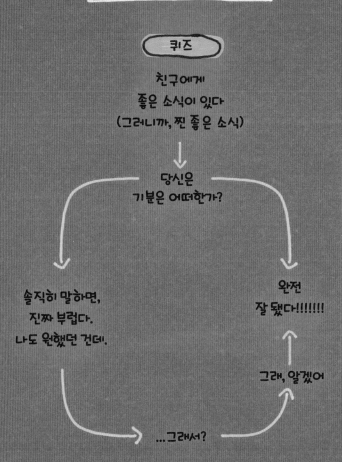

퀴즈

친구에게
좋은 소식이 있다
(그러니까, 찐 좋은 소식)

당신은
기분은 어떠한가?

솔직히 말하면,
진짜 부럽다.
나도 원했던 건데.

완전
잘 됐다!!!!!!

그래, 알겠어

...그래서?

나는 미드 〈프렌즈〉 등장인물 중 누구일까?

아까보다 더 쉬운 퀴즈

↓

다음 중 당신 목소리 톤과
딱 맞는 것을 고르시오

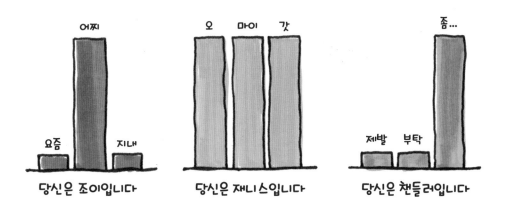

당신은 조이입니다   당신은 재니스입니다   당신은 챈들러입니다

↑ 만약 이 퀴즈의 과학적 정확도에 문제가 있다고
생각한다면, 당신은 로스입니다.

우리 얘기 좀 해

내 생각   네 생각

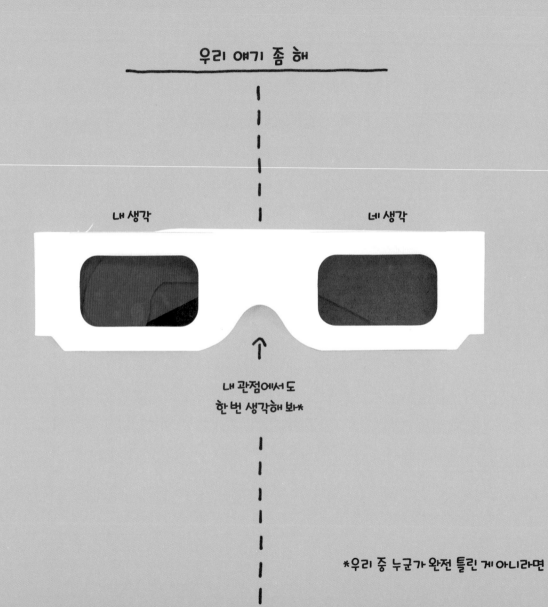

내 관점에서도
한번 생각해 봐*

*우리 중 누군가 완전 틀린 게 아니라면

명절 연휴로 들뜬 마음

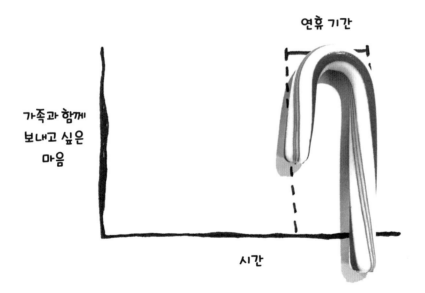

연휴 기간

가족과 함께
보내고 싶은
마음

시간

정말 아기가 태어나면
모든 게 달라질까?

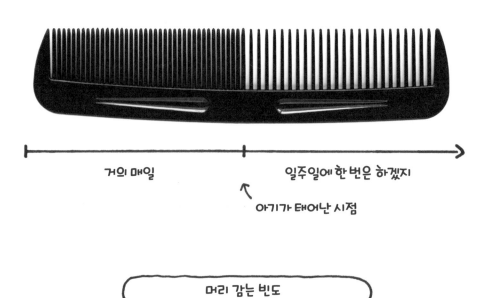

거의 매일 | 일주일에 한 번은 하겠지

↑
아기가 태어난 시점

머리 감는 빈도

그래. 그럼 머리감기

말고 나머지는?

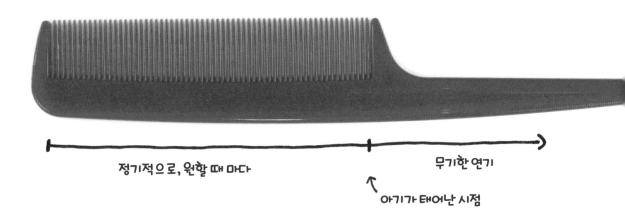

정기적으로, 원할 때 마다   무기한 연기

↑
아기가 태어난 시점

"머리감기 외 나머지 모든 일"의 빈도

5만 생각과 픽토그램

이런저런 온갖 생각

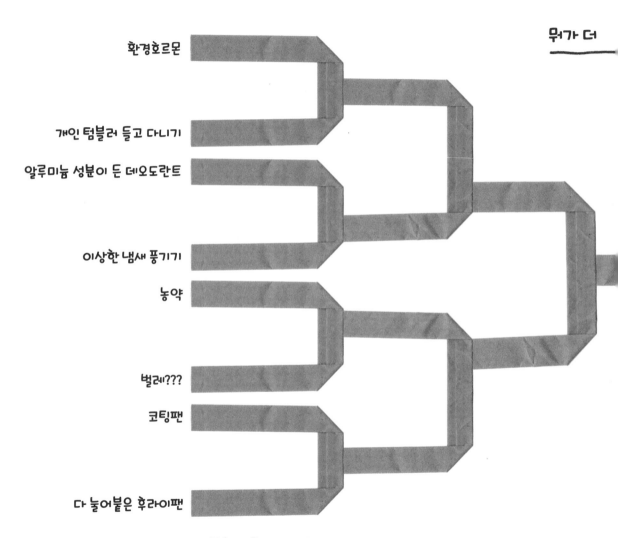

환경호르몬

개인 텀블러 들고 다니기

알루미늄 성분이 든 데오도란트

이상한 냄새 풍기기

농약

벌레???

코팅팬

다 눌어붙은 후라이팬

(이 중 차악을 고르시오)

나쁠까?

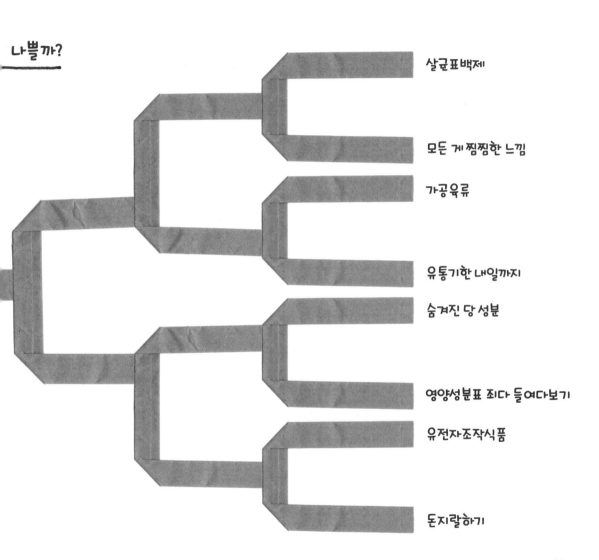

살균표백제

모든 게 찜찜한 느낌

가공육류

유통기한 내일까지

숨겨진 당 성분

영양성분표 죄다 들여다보기

유전자조작식품

돈지랄하기

할로윈 코스튬 고민하기엔
좀 이른가?

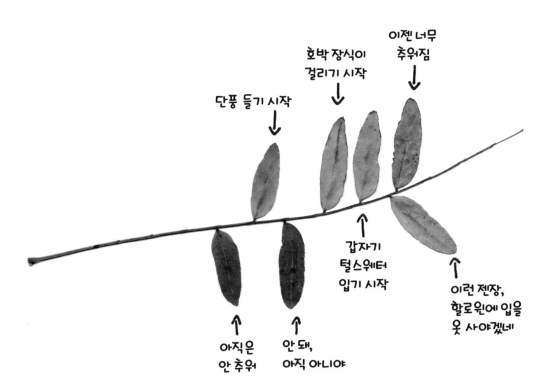

단풍 들기 시작

호박 장식이
걸리기 시작

이젠 너무
추워짐

갑자기
털스웨터
입기 시작

아직은
안 추워

안 돼,
아직 아니야

이런 젠장,
할로윈에 입을
옷 사야겠네

올 겨울 추위도 무사히
버틸 수 있을까?

자아 충족적 욕구
폼폼 달린 털모자

존경 욕구
예쁘고 따뜻한 코트

편안함 욕구
근사한 음악,
포근한 담요,
반짝이는 불빛들,
핫초코,
따뜻한 사과차,
뜨끈한 위스키

안전 욕구
최애 카페
가장 좋은 자리
차지하기

*겨울나기 메커니즘의
단계별 욕구

*매슬로의 인간 욕구 5단계
이론의 패러디

학교에서 배운 수학을
써먹을 날이 올까?

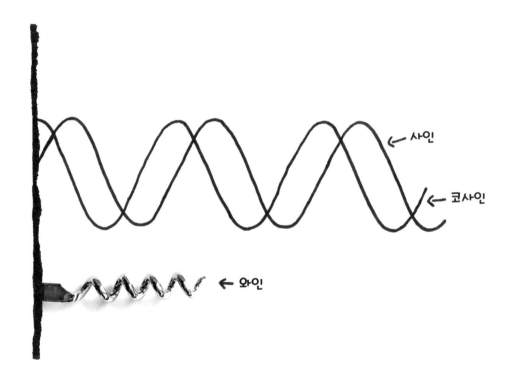

← 사인

← 코사인

← 와인

그럼 영화 <퀸카로 살아남는 법>을

보며 터득한 수학을 쓸 날은?

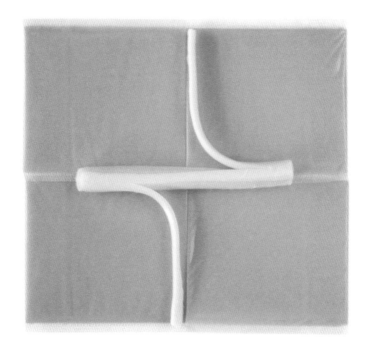

↑ 나의 치즈 극한값은 무한대임 ↑

나 머리 자른 거 이상해?

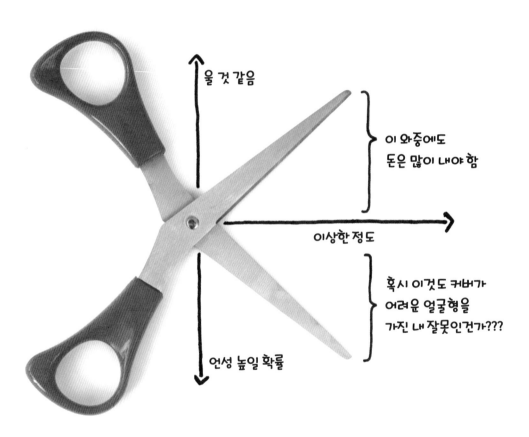

울 것 같음

이 와중에도
돈은 많이 내야 함

이상한 정도

혹시 이것도 커버가
어려운 얼굴형을
가진 내 잘못인건가???

언성 높일 확률

보너스는
얼마가 적당할까

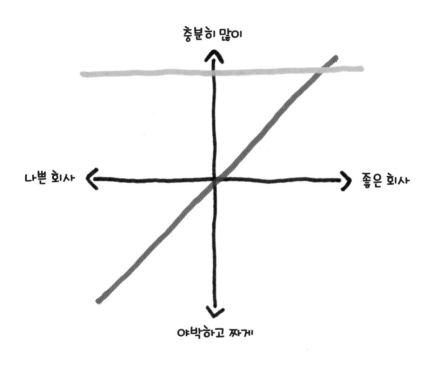

충분히 많이

나쁜 회사 ← → 좋은 회사

야박하고 짜게

● 일부 사람들　　　　● 직장인이면 누구나 다 느낌

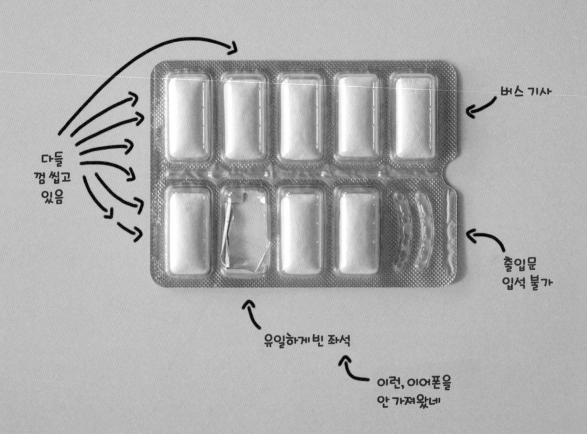

버스 기사

다들
껌 씹고
있음

출입문
입석 불가

유일하게 빈 좌석

이런, 이어폰을
안 가져왔네

110

나는 왜 항상
지각하는 걸까?

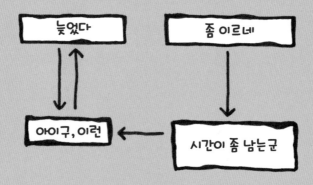

왜 나는 자전거를 계속
타지 않을까?

크기

← 엉덩이 통증

KRYPTONITE
EVOLUTION

↑ 피로도

↑ 희열감

내 차는 대체
뭐가 문제지?

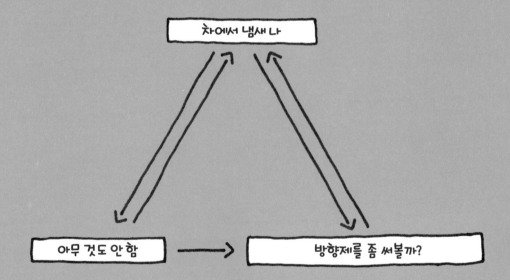

이 카페 일하기 괜찮은가?

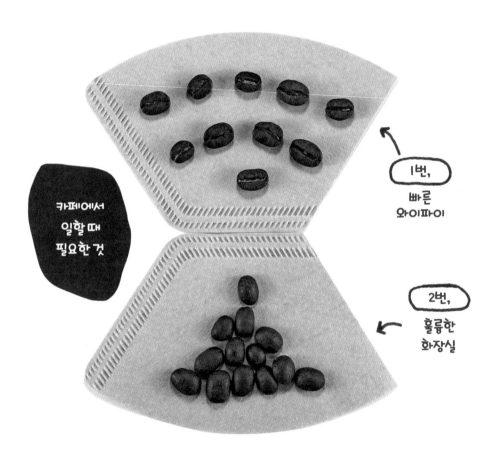

카페에서
일할때
필요한 것

1번,
빠른
와이파이

2번,
훌륭한
화장실

다들 이런 거* 한번쯤 겪지 않나?

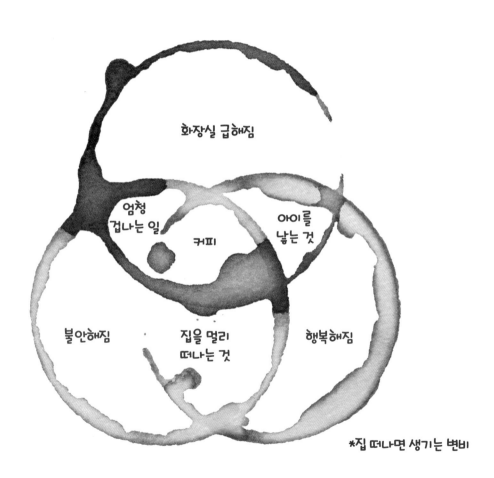

화장실 급해짐

엄청 겁나는 일

커피

아이를 낳는 것

불안해짐

집을 멀리 떠나는 것

행복해짐

*집 떠나면 생기는 변비

충분히 자연에서
시간을 보내고 있는 걸까?

밖에서 보낸 시간

즐거움

좋아, 이 정도면
됐어

좋은 병원은
어떻게 찾지?

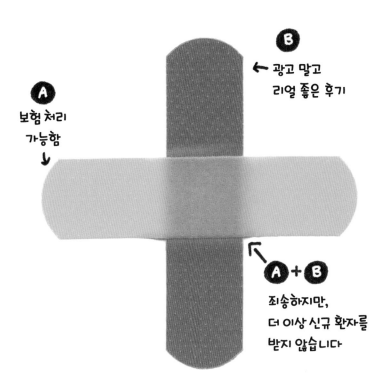

B
← 광고 말고
리얼 좋은 후기

A
보험 처리
가능함
↓

A+**B**
죄송하지만,
더 이상 신규 환자를
받지 않습니다

5만 생각과 픽토그램

진지한 고민들

모든 것은
연결 되어 있다

풍경을 감상하며
걸어라

우리는 모두 같은
물질로 만들어졌다

우리는 모두
같은 곳에서 왔다

당신만의
시간을
가져라

물은 꼭 필요하다

자연광이
가장 좋다

우리는 모두
미미한 존재다

모든 것은 흙에서부터
시작한다

인생은 짧다

나 진짜로
뭔가 문제가 있으면
어떡하지?

장점	단점
내 느낌이 맞았군	나 문제가 있어
이걸로 모든 문제의 핑계를 댈 수 있겠어	
난 건강염려증이 아니라구	
뭔가 방법이 있을 거야	
이제 사람들도 나를 이해해주겠지	

어떻게 평정심을 유지할까?

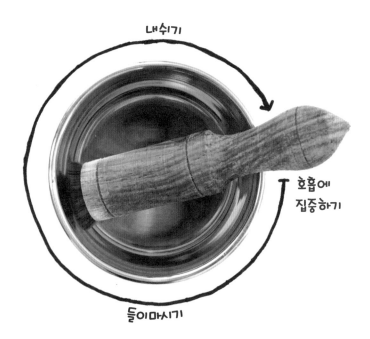

내쉬기

호흡에
집중하기

들이마시기

할 수 있는 건
다 하고 있나?

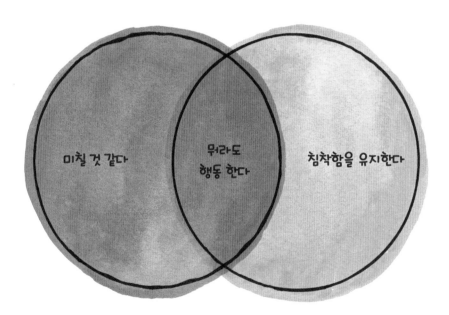

미칠 것 같다

무라도
행동 한다

침착함을 유지한다

이제 정말 기후변화에 대해

진지하게 걱정해야 하는 건가?

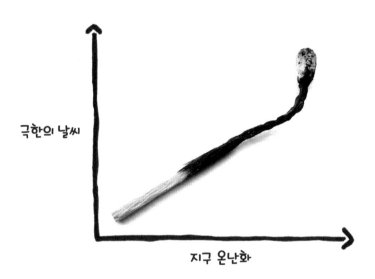

극한의 날씨

지구 온난화

너무 늦었으면 어떡하지?

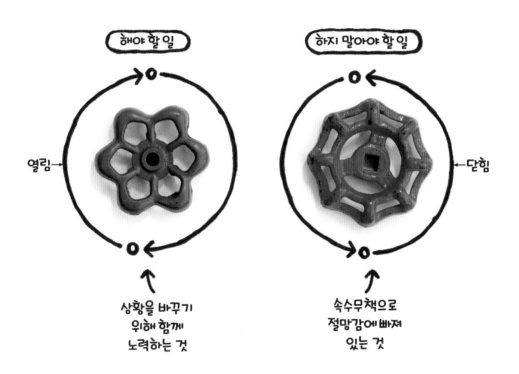

해야 할 일

열림 →

↑
상황을 바꾸기
위해 함께
노력하는 것

하지 말아야 할 일

← 닫힘

↑
속수무책으로
절망감에 빠져
있는 것

어떻게 하면
도움을 줄 수 있을까?

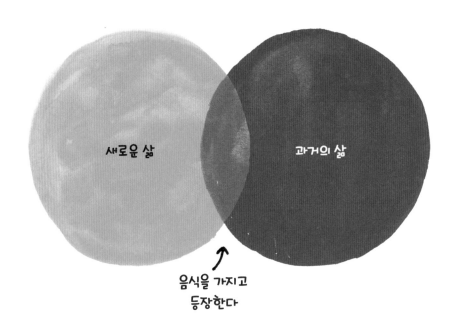

새로운 삶

과거의 삶

↑
음식을 가지고
등장한다

인생에서 감사할 것은 무엇인가?

삶에는 늘 뭔가 감사 거리가 있다						
삶	삶	삶	달달한 팝콘	삶	삶	탄산수
삶	삶	사랑	삶	삶	건강	삶
물	삶	가족	삶	운동	삶	숲
음악	춤추기	삶	친구들	따뜻한 차	깨끗한 공기	집
웃음	햇살	삶				

아직도
모르겠는가
?

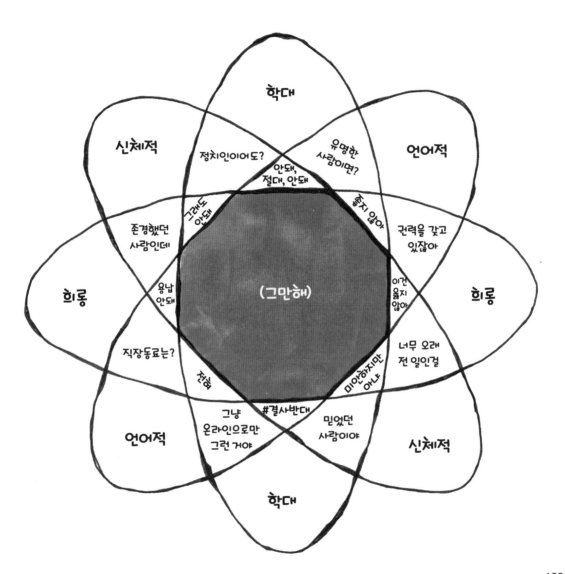

학대

신체적

언어적

언어적

희롱

희롱

신체적

학대

정치인이어도?

유명한
사람이면?

안돼,
절대, 안돼

그래도
안돼

하지 않아

존경했던
사람인데

권력을 갖고
있잖아

용납
안돼

(그만해)

이건
옳지
않아

직장동료는?

너무 오래
전 일인걸

미안하지만
아니

전혀

#결사반대

그냥
온라인으로만
그런 거야

믿었던
사람이야

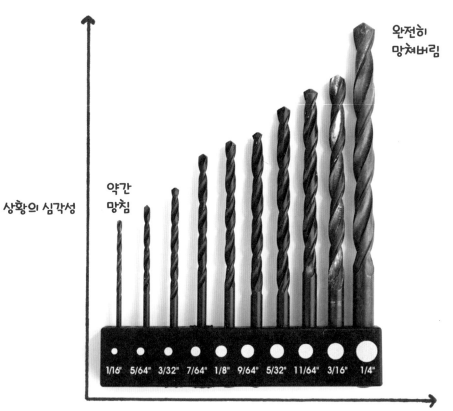

돌이킬 수 없는 건가?

완전히
망쳐버림

약간
망침

상황의 심각성

1/16" 5/64" 3/32" 7/64" 1/8" 9/64" 5/32" 11/64" 3/16" 1/4"

곱씹은 시간

나 좀 쉬어야 할까?

나는 나를 왜 이렇게
못살게 구는 걸까?

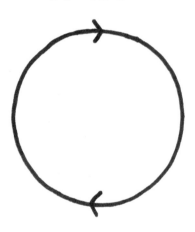

내가 너무
자학했네

이 기분이라면 비틀즈는 어떻게 했을까?

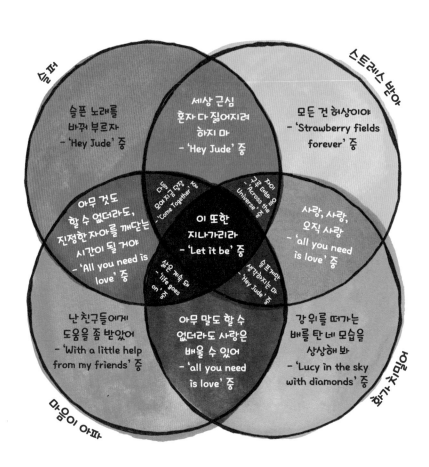

어떻게 헤아릴 건가요*,
1년이라는 세월을?

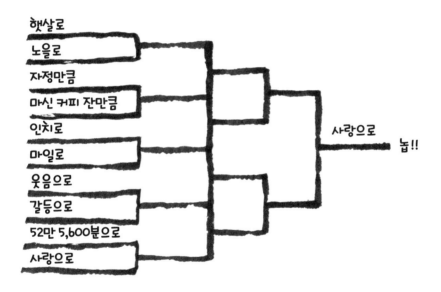

햇살로
노을로
자정만큼
마신 커피 잔만큼
인치로
마일로
웃음으로
갈등으로
52만 5,600분으로
사랑으로

사랑으로

놉!!

*뮤지컬 "렌트" OST 중에서
'Season of Love' 라는 곡의
가사 일부를 발췌

앞으로
괜찮을까?

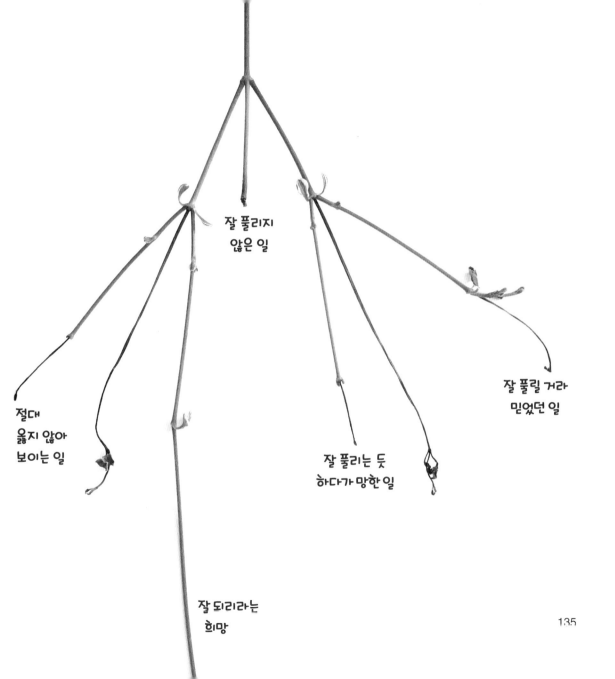

잘 풀리지
않은 일

절대
옳지 않아
보이는 일

잘 풀리는 듯
하다가 망한 일

잘 풀릴 거라
믿었던 일

잘 되리라는
희망

135

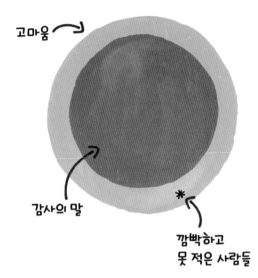

고마움

감사의 말

깜빡하고
못 적은 사람들

모두에게 정말 감사하다. 이 책을 세상에 선보일 수 있는 기회와, 그 기회를 현실로 만드는 데 일조해 준 이들 모두에게 말이다.

내 담당 편집자인 딘 캣츠, 그리고 크로니클 북스의 팀원들 모두에게, 이 프로젝트를 시작하고, 또 다듬어 준 것에 큰 감사를 전한다.

바네사 호프 슈나이더에게도 감사하다. 나에게 친구들도 많이 소개해주었고, 내가 당당함이 부족했던 과거 시절부터 이 일을 할 수 있도록 자신감을 북돋아 주었다.

제시카'들'에게도 고마움을 전한다. 제시카 사이아는 내가 만든 '잘 꾸며낸 도표'가 실제 돈벌이가 되도록 물꼬를 터주었고, 제시카 미스너는 나를 진짜 도표 만드는 사람으로 고용해 주었으며, 제시카 히쉬는 내 마음에 드는 첫 도표를 만들어 주었다.

제이슨 캇케, 네이선 파일, 아담 J. 커츠, 캐롤라인 시데, 챔프 티파곤, 그리고 예술계 뿐 아니라 온라인으로도 상상도 못했던 지지를 보내준 수많은 나의 영웅들에게 감사하다. 이들 덕분에 내 작업이 다른 사람에게 선보일 가치가 있음을 알게 됐다.

팀, 마거릿, 그리고 롭에게, 말 그대로 내가 계속 정신'머리'를 똑바로 세울 수 있게 해 준 점에 진심으로 감사를 전한다.

가족이 보내준 사랑과 성원에도 감사하고 싶다. 우리 아버지, 호세, 매일 일상에서 마주치는 것들 이면의 패턴과 수학적 원리에 대한 나의 관심을 전폭적으로 밀어주신 분, 그리고 나의 가장 열렬한 팬인 엄마 오마이라, 두 분께 감사하다고 말하고 싶다. 알렉사, 축하를 위한 노래 "라스 마냐니타스Las Mananitas"를 틀어줘.

무엇보다도 레니에게 감사를 전한다. 끝없이 나를 믿어주고, 긍정해주고, 춤추는 시간까지 허락해줘서 고마워. 어질러 놓은 건 사과할게.

MUCH DO I TIP FOR THIS? WHY AM I ALWAYS ... ? HOW'S M

ING TO REGRET THIS? SHOULD I MOVE ACROSS THE COUNTRY? WH

ME IN NATURE? HAS THIS EVER HAPPENED TO YOU? CAN I WORK FR

HATS WRONG WITH MY CAR? WHAT'S THAT SMELL? ARE AIR FRESHE

Y INSURANCE? WHAT CAN I DO TO HELP? IS THAT A BAD QUESTION

ING TO LOOK TERRIBLE? SHOULD I START MEDITATING? IS THIS A

OK SOMETHING? SHOULD I BUY THIS? DO I NEED TO DECLUTTER MY H

I NEED TO CANCEL MY CREDIT CARDS? WHAT SHOULD WE LISTE

OD WINE? CAN I BRING IT TO A PARTY? SHOULD I GRAB SOME KA

EL ILL? AM I GOOD AT MY JOB? IS THIS IMPOSTER SYNDROME? A

I STILL HAVE A JOB? WHAT DID THAT EMAIL MEAN? HOW SHOUL

OUT ME? WHICH TOTE BAG SHOULD I USE? WHICH GROCER

RTY? HOW DO I MAKE SMALL TALK? DO WE HAVE ANYTHING B

D I SPELL THAT RIGHT? CORRECTLY? FURTHER OR FARTHER? A

OULD I READ MY BOOK IN THE BATHTUB? SHOULD I LEND Y

THERE REALLY IS SOMETHING WRONG WITH ME? WHAT IF I WA

IT IMPORTANT TO DISAGREE ON BIG ISSUES EVEN IF YOU CAN'T

W DO I STAY CALM? WILL IT BE OK? WILL I EVER USE THE MA

HICH WHITE PAINT SHOULD I USE? DO I HAVE TOO MANY PLAN

RENTHOOD CHANGE EVERYTHING? HAS ANYONE SEEN MY SU

HAT AM I FORGETTING? STILL OR SPARKLING? AM I EATING

RE? DOES THIS NEED MORE BUTTER? CAN I CLIP MY TOENAIL

AGE OF OUR RELATIONSHIP? WHAT DID THAT TEXT MEAN? I

THERE TO BE GRATEFUL FOR? HOW DO YOU MEASURE, MEASUR

MODELING THE BATHROOM MYSELF? IS IT AS EASY AS IT LO

CREDIT CARDS OR SHOULD I TRY TO FIND IT THIS TIME? AM I

EIR BIRTHDAY? WHY DO PEOPLE LOVE CAMPING SO MUCH? W

TIP WITHOUT CAUSING PERMANENT DAMAGE? WHAT SHOUL

L.A. TAKE TWENTY MINUTES? SHOULD I TOUCH THIS DOOR

TANDING DESK MAKE A DIFFERENCE? IS THIS TOO MANY EX

OUGH? SHOULD I GO OUT? AM I TOO OLD? SHOULD I STAY

ES THIS BOOK MAKE ME SOUND NEUROTIC? IS THERE A WORD